NOTICE GÉNÉALOGIQUE

SUR

LA FAMILLE DE BADY.

VALENCIENNES,

IMPRIMERIE DE A. PRIGNET, RUE DE MONS, 9.

1845.

NOTICE GÉNÉALOGIQUE

SUR

LA FAMILLE DE BADY.[1]

ARMES :

D'azur à un lion d'or, tenant à la patte droite une clef à l'antique de même, posée en pal. — Supports : *Deux griffons d'or, ayant la tête couronnée, langués et onglés de gueules.*

La maison de *Bady*, originaire du comté de Namur, passe pour être d'une noblesse ancienne et chevaleresque. La filiation nobiliaire de cette famille, dont quelques membres vinrent s'établir en France dans

(1) Cette notice a été principalement établie d'après le *Dictionnaire de la noblesse*, in 4°, t. XIV, et le VIIe registre de l'*Armo-*

le 17e siècle (1), n'est prouvée, par actes authentiques, qu'à partir de la fin du XVe siècle; mais il est vraisemblable qu'elle remonte bien au-delà.

Il résulte d'un certificat délivré par *Toison d'Or*, premier roi d'armes des Pays-Bas, sous la date de Bruxelles le 30 octobre 1777, en faveur de la famille Bady, « que l'enchaînement des « titres qui ont été produits, établissent et affermissent l'état de « cette famille chevaleureuse dans l'ordre de la noblesse (2).

I. Charles Bady que, à défaut de titres suffisants, on est obligé de considérer comme la souche de cette maison, est né à Dampremy (3). Il est connu par des actes de 1501, 1523, 1524 et 1530, qui font mention de sa noble extraction. Il laissa de Jeanne de Préelles, qu'il avait épousée avant l'an 1500, un fils (4) :

---

rial de France, t. IX, ainsi que sur une *généalogie* manuscrite dressée vers 1780 par Dom.-J.-B. Tucinsert, religieux de la congrégation de St. Maur, commissionné par le ministre Bertin, pour dépouiller les divers dépôts d'archives des provinces de Flandre. On a aussi eu recours aux registres de l'état civil d'Avesnes, d'Aymeries, de Dourlers, de Rainsart, etc.; à des titres et papiers de famille, et à des *mémoires* particuliers.

(1) Dès 1644, un sieur Louis Bady vint occuper, comme fermier, la cense du Roteleux-lez-Houdain, qu'il quitta en 1651 (*Comptes du chapitre des chanoinesses de Maubeuge de 1644 à 1651*). D'autres membres de la famille Bady vinrent se fixer à Maubeuge et dans les environs vers 1678 ou 1679.

(2) *Recueil de généalogies* pour servir de supplément au *Dictionnaire de la noblesse*, tome XIV; — VIIe reg. de l'*Armorial de France*, t. IX.

(3) Dampremy est un village situé près de Charleroy, comté de Namur. L'abbaye de Floreffe en possédait jadis la seigneurie, avec la haute justice.

(4) Dom Tucinsert ne fait du père et du fils, l'un et l'autre appe-

II. Charles Bady, qualifié *noble homme* dans un acte de 1569, et qui épousa, le 22 juillet 1532, Louise Staignier ou Lestaignier, dont il eut :

III. Bertrand Bady, écuyer, mayeur ou prêteur (1) de Dampremy, désigné comme *noble* dans divers actes publics, et qui se maria le 22 juin 1569, à Barbe Bruart (2), de Marchienne-au-Pont. Ils firent leur testament à Dampremy, le 30 décembre 1621, étant tous deux dans un âge très-avancé. Ils eurent six enfants :

1° Martin Bady, fils aîné, dont il sera parlé ci-après ;

2° Louis, officier d'infanterie, mort sans alliance ;

3° Thomas, né le 9 novembre 1587, et mort jeune ;

4° Jeanne, née aussi le même jour, et mariée à Jean Yernard ou Yernaud. Elle n'existait plus en 1621 et n'avait pas laissé de postérité ;

5° Barbe, baptisée le 29 août 1590, et alliée à Jean Desfossés, dont elle n'eût pas non plus de génération ;

6° Antoinette, mariée à Pierre Harcq, l'un et l'autre morts jeunes, laissant deux enfants orphelins qui ne tardèrent pas à les suivre dans la tombe.

---

lés Charles Bady, qu'une seule et même personne ; mais l'auteur du *Dictionnaire de la noblesse,* au contraire, les distingue comme ci-dessus.

(1) Ces deux qualifications de *mayeur* et de *prêteur* étaient évidemment synonymes, car elles ont été indifféremment et alternativement appliquées à Bertrand Bady dans des actes publics de diverses époques.

(2) Barbe Bruart était fille de *sire* Henri Bruart, écuyer, de Marchienne-au-Pont, pays de Liége. — Marchienne-au-Pont est un bourg sur la Sambre, à 3/4 de lieue à l'O. de Charleroy. Il y avait autrefois un couvent de chanoinesses régulières de l'ordre du St.-Sépulcre (Ch. Oudiette, *Dict..... des 13 départ. de la Belgique*).

IV. Martin Bady, écuyer, succéda à son père. Il épousa, suivant contrat du 8 août 1608, Françoise de Blatton (1) avec laquelle il vivait en 1623. On ignore s'ils eurent d'autres enfants que ceux qui suivent :

1° Bertrand Bady, fils aîné, mentionné ci-dessous, et qui a continué la filiation ;

2° Martin, né en 1619, mort à la fleur de l'âge, sans postérité ;

3° Nicolas, né en 1621, officier, tué à la bataille de Fleurus, en 1690 ;

4° Catherine, morte en bas âge ;

5° Marie-Françoise *Aliàs* Barbe, religieuse de la Miséricorde, à Marchienne-au-Pont.

V. Bertrand Bady, écuyer, naquit à Dampremy, où il fut baptisé le 21 mars 1617. Après avoir été longtemps mayeur de ce lieu, il y mourut le 27 mars 1685 et fut inhumé dans la chapelle de la Vierge, vis-à-vis de l'autel. Il avait épousé, en premières nôces, vers l'an 1646, Anne-Marie d'Albert, de noble extraction : et, en secondes noces, Hyacinthe Dumont, qui, après la mort de son mari, se remaria à messire Jean-François Rasquin, et termina ses jours le 1er octobre 1695. Bertrand Bady eut plusieurs enfants (2) :

1° Pierre Bady, fils aîné, dont l'article suit ;

---

(1) Françoise de Blatton était fille de *noble homme* François de Blatton, de Namur.

(2) On ne lui compte que six enfants dans les ouvrages et titres consultés ; mais il est présumable qu'il en avait davantage : Alexandre et Martin-Nicolas Bady dont il est question ci-après, note 15, étaient vraisemblablement aussi fils de Bertrand Bady. Dans tous les cas, on ignore si les six enfants dénommés proviennent tous du premier lit. Dom Tocinsert est pour l'affirmative, tandis que l'auteur du *Dict. de la noblesse* prétend que Antoine et Lambert sont issus du second lit.

2° Bertrand, né le 24 novembre 1652 et mort jeune ;

3° Françoise, dont on ignore la destinée ;

4° Alexandrine, mariée, selon contrat du 9 décembre 1679, à François-Nicolas Staignier ou Lestaignier, écuyer, de qui sont issus les Lestaignier de Gosselies (1) ;

5° Antoine, chanoine de l'église de St-Amé de Douai ;

6° Lambert, écuyer, mort le 10 juillet 1711, laissant d'Anne-Louise Dumont, son épouse, un fils nommé Charles, né le 20 mars 1675, commandant de bataillon au service de France, mort sans postérité en août 1742.

VI. Pierre Bady, écuyer, né à Dampremy, où il fut baptisé le 21 mars 1647, hérita des grands biens de son père. Il épousa à Namur, suivant contrat du 8 août 1671, Anne-Charlotte Bodart (2), issue de l'une des principales familles de la ville, et, quelques années plus tard, il vint en France. Peu de temps après la paix de Nimègue (1678), qui réunit à ce royaume les villes de Maubeuge et de Bavay, avec leurs dépendances, il était *architecte des bastiments du roi*. Cette qualité lui est donnée, ainsi qu'au sieur Douart (3), dans un ordre daté de Maubeuge le 1er mars 1679 (4), par lequel l'abbé Faultrier, intendant du Hainaut, les chargea de visiter et d'évaluer les bâtiments compris dans le tracé des nouvelles fortifications de cette place,

---

(1) Gosselies, gros bourg à une lieue 1/4 de Charleroy, sur la route de Bruxelles. Il y avait anciennement, dans cet endroit, deux couvents dont l'un de récollectines (Ch. Odiette, *Dict.* précité).

(2) Charlotte Bodart était fille de *noble homme sire* Lambert Bodart, capitaine d'une compagnie bourgeoise en la ville de Namur.

(3) Jean Douart était entrepreneur des fortifications d'Avesnes en 1682, et, dans des actes de 1696, il est simplement désigné comme bourgeois de Paris.

(4) Cet ordre fait partie des archives de la ville de Maubeuge.

et désignés pour être démolis (1). Ayant obtenu l'entreprise générale de ces fortifications, dont les travaux durèrent plus de dix ans, Pierre Bady se fixa à Maubeuge avec plusieurs de ses parents (2). On croit qu'il habitait l'hôtel du baron de Beaupré, dont il avait fait l'acquisition en 1681. (3). Intéressé avec divers spéculateurs, dans l'entreprise des transports des grains et autres approvisionnements du munitionnaire général de l'armée française, il concourut, vers 1692, à la construction, sur la Sambre, d'écluses et de barrages en bois, que les co-

---

(1) Quand la ville de Maubeuge fut cédée à Louis XIV par le traité de Nimègue en 1678, elle était entourée de simples murs et était beaucoup plus grande qu'aujourd'hui. Le maréchal de Vauban, chargé de la mettre en état de défense, garnit la place de sept bastions et d'autant de cavaliers revêtus de bons murs entourés de profonds fossés. Le terrain nécessaire à ces fortifications fut pris dans la ville même, dont l'enceinte, assure-t-on, se trouva ainsi diminuée des deux tiers. Voici le résumé de l'estimation qui fut faite par les sieurs Bady et Douart, en 1679, des maisons et héritages formant des propriétés privées, et qui sont entrés dans ces fortifications :

Rue de la porte d'Avesnes, pour	62,246	florins.	
— de Mons	12,297	—	TOTAL
— de Binche	14,922	—	287,743 florins
— de Salmoncamp	15,245	—	ou,
— de la Pecquerie	5,901	—	en monnaie
Rues de Froidmont et de la Croix	11,622	—	de France,
— de St-Martin et de la Poterie	14,753	—	359,678
Propriétés au chap. des chanoinesses	84,000	—	livres.
Divers autres immeubles	66,757	—	

(*Archives communales de Maubeuge*).

(2) Pierre Bady avait entr'autres parents à Maubeuge, Alexandre Bady, qui, après la mort d'Anne-Marie Castaigne, s'allia, vers l'an 1686, à Marie Rouillon; Martin-Nicolas Bady, qui avait épousé, avant 1679, Françoise Piérart, riche fermière des environs de Maubeuge, dont sont provenus plusieurs enfants, notamment Charles-François Bady, conseiller receveur des fermes du Roi, à Avesnes, où il se maria, en 1735, à Marie-Magdeleine Parel de Montaut, fille du commandant de la place. (*Archives communales de Maubeuge et d'Avesnes*).

(3) *Archives comm. de Maubeuge.*

associés firent exécuter à leurs frais, pour rendre cette rivière navigable : les transports par terre étant alors très-dispendieux et même quelquefois absolument impraticables (1). Le moment arriva où, possesseur de capitaux considérables, il s'appliqua à les immobiliser. Il songea en même temps à allier les honneurs avec la fortune. C'est ainsi qu'il fut pourvu le 3 mai 1693, de l'office de Conseiller secrétaire du Roi, maison et couronne de France, et de ses finances. De plus, par lettres du nonce du pape du 20 mars suivant, il fut créé chevalier de l'Eperon d'or (2) et comte du palais de Latran, avec le droit pour lui et ses descendants légitimes, de surmonter leurs armes de la couronne de *comte* (3) et d'en prendre le titre ; comme aussi, pour sa femme, de se qualifier du titre de *Madame*. — Pierre Bady devint seigneur des terres d'Aymeries et de la Porquerie, par l'acquisition qu'il en fit, en 1693, de Mlle Jeanne-Claude du Rocca, moyennant le prix de 98,454 florins, outre une rente annuelle de deux muids de froment et de sept rasières et demie d'avoine (4). La première de ces terres, qui comprenait Aymeries (5),

---

(1) *Mémoires des intend. du Hainaut;* — M. de Rive, *Précis hist. et statist. des canaux ;* — *Mém. particuliers.*

(2) C'était un ordre militaire dont l'institution est ordinairement rapportée à Pie IV (1559). On conférait cet ordre en donnant au récipiendaire une croix d'or à huit pointes, émaillée de rouge, au bas de laquelle pendait un éperon d'or. Les nonces et d'autres prélats de la cour de Rome pouvaient créer chacun deux chevaliers de l'Eperon, et leur conférer le titre de comte de Latran. (Moreri, t. IV, p. 122, 2e série).

(3) Déslors, la couronne de comte surmonta les armes de la maison de Bady, desquelles, jusque là, l'écu avait simplement été couvert d'une écaille.

(4) *Registre,* déposé à la mairie de Berlaimont, *des reliefs des fiefs* du comté de ce nom.

(5) Aymeries, sur la Sambre, à 2 kil. au-dessous de Berlaimont, son chef-lieu de canton, était autrefois un bourg assez important. Il y avait un prieuré dépendant de l'abbaye d'Anchin. La commune d'Aymeries n'a plus aujourd'hui qu'une population de 228 habitants.

Pont(1), Quartes (2), Hargnies (3), Estrée (4), Pantignies (5), et le bois Leroy (6), formait un fief relevant directement du Roi, à cause de sa souveraineté du Hainaut; la seconde, qui consistait en une ferme importante, située à Pont-sur-Sambre, était un fief-lige du comté de Berlaimont (7). — Le château-fort d'Aymeries, que Martin Du Bellay avait fait sauter en 1543 (8), et que, précisément un siècle plus tard (1643), le jeune duc d'Enghien acheva de détruire (9), après avoir préludé, par la victoire de Rocroi, à la haute réputation militaire qui, bientôt, lui valut le surnom de *Grand Condé,* ne présentait plus que quelques massifs de maçonnerie à fleur de terre, et des ruines éparses sur le sol, quand Pierre Bady en devint propriétaire.

---

(1) Pont, ou plutôt Pont-sur-Sambre, commune du canton de Berlaimont, ayant une population de 1259 âmes.

(2) Quartes, cité dans l'Itinéraire d'Antonin sous la dénomination de *Locus quartensis*, est le hameau le plus important de Pont-sur-Sambre. C'est à Quartes que se trouve l'église paroissiale, dédiée à N. D.

(3) Hargnies, ancien village situé à la gauche de la Sambre, entre Berlaimont, Bavay et Maubeuge, et dont il est fait mention dans la notice de l'empire romain (in loca Harnensi). Il forme une commune du canton de Berlaimont. Population, 516 habitants.

(4) Estrée, hameau de Bachant, où était encore l'église paroissiale au commencement du 18e siècle. C'était dans le moyen-âge, le chef-lieu d'une paroisse dont dépendait Bachant.

(5) Pantignies, hameau de Pont-sur-Sambre.

(6) Lebois-Leroy dit vulgairement le *bos-reward*, est situé entre Aymeries et Dourlers.

(7) *Reg.* déjà cité *des reliefs des fiefs* du comté de Berlaimont. La Porquerie est encore une ferme importante à Pont-sur Sambre, à l'O. du village.

(8) *Mémoires* de Du Bellay, liv. X.

(9) *Mémoires divers.*

L'emplacement de cette ancienne forteresse, qui formait une île sur la rive gauche de la Sambre, lui ayant paru un endroit convenable pour y bâtir, il se trouva que, au bout de quelques années, un joli château à la moderne avait remplacé les hideuses masures qui gisaient là depuis plus de 50 ans. Mais ce château éprouva, à son tour, le sort de ceux qui l'avaient précédé : dévasté et vendu pendant la révolution française, il fut ensuite démoli jusqu'aux fondations. Depuis lors, il n'y a plus qu'une ferme dans l'enclos.—Durant les 15e, 16e et 17e siècles, les terres d'Aymeries et de Dourlers avaient toujours éte réunies dans les mêmes mains. Elles avaient passé de la maison d'Avesnes dans celle de Luxembourg, puis dans celle d'Anjou. Saisies féodalement par le duc Philippe-le-Bon, sur René d'Anjou, duc de Lorraine, celui-ci les avait vendues, vers 1434, au chancelier de Bourgogne Nicolas de Rollin, et ce n'avait été que lors du partage des biens d'Anne de Rollin, descendante au 5e degré du chancelier, et morte en 1603, que ces deux seigneuries s'étaient trouvées en la possession de personnes différentes. Il n'en fallut pas davantage pour que Pierre Bady, déjà propriétaire de l'une de ces terres, voulut posséder l'autre. Justement celle de Dourlers, plus connue alors sous le nom de *Sart de Dourlers*, qui comprenait les villages de Dourlers (1), St.-Aubin (2), Floursies (3), Semousies (4) et leurs dépendances, après avoir passé successivement, en moins de 80 ans, aux familles de Ste-Colombe, de l'Estang, de Préseau, d'Esclaibes, était encore à ven-

---

(1) Dourlers, ancien village formant une commune du canton Nord d'Avesnes, à 6 kil. N. de cette ville. Popul., 918 habitants.

(2) St.-Aubin, commune du même canton, à 6 kil. N. d'Avesnes. Popul., 669 âmes. On y voit encore une ancienne chapelle des Templiers, bâtie dans le 12e siècle.

(3) Floursies, petite commune du même canton, à 6 kil. N. d'Avesnes. Popul., 240 habitants. La fontaine de ce village dite de St.-Eloi. fournissait les eaux nécessaires à la ville de Bavay, au moyen d'un aqueduc de construction romaine, dont on retrouve encore les débris sur plusieurs points intermédiaires.

(4) Semousies, petit village composant une commune du canton Nord d'Avesnes, à 5 kil. N. de ce chef-lieu. Popul., 311 habitants.

dre. Bady saisit l'occasion, et s'en rendit acquéreur vers la fin du 17e siècle. Bientôt, poussé par un penchant très-prononcé pour les constructions, il fit élever à Dourlers, au S. O. et à portée de l'église, sur le petit ruisseau de la fontaine St-Eloi (1), une belle maison de campagne, vulgairement appelée *le château*. D'un style simple, cet édifice, bâti en pierres et briques et dans d'assez grandes proportions, ne se fait particulièrement remarquer que par sa régularité. Il forme un carré long de 33 m sur 14 m et n'a, outre le rez-de-chaussée, qu'un seul étage. De beaux jardins, des terrasses, des pièces d'eau, des plantations diverses, ne tardèrent pas à embellir cette demeure seigneuriale.—Pierre Bady mourut le 25 novembre 1715 (2), et fut enterré en l'église de Quartes, dans la chapelle de N. D. Sa tombe, la deuxième à droite, est en marbre du pays ; les arme et les inscriptions en ont été effacées, en partie, par le ciseau dévastateur des révolutionnaires. Il eut quatre enfants :

1° Nicolas-Charles-Joseph Bady, qui continua la filiation ;

2° Antoine-François, auteur de la branche des seigneurs de Dourlers, rapportée ci-après ;

3° Anne-Marie *aliàs* Aldegonde-Anne-Marie, qui épousa le président de Virloys le 31 août 1693 (3), et qui mourut sans enfants ;

4° Marie-Catherine, née à Maubeuge, où elle fut baptisée le 5 septembre 1687 (4).

---

(1) La fontaine St.-Eloi est au centre du village de Floursies (v. la p. 9 note 3). La source est fort abondante et donne naissance au ruisseau du même nom, qui forme à St.-Aubin, avec quelques autres petits cours d'eau, la rivière de Tarsy, dont l'embouchure est dans la Sambre au-dessous du village de Leval.

(2) *Reg. des décès de la paroisse d'Aymeries*, année 1715.

(3) Acte déposé au *tabellion de Maubeuge*, année 1693, n° 37.

(4) *Reg. des naissances de la ville de Maubeuge*, année 1687.

SEIGNEURS D'AYMERIES.

VII. Nicolas-Charles-Joseph Bady, écuyer, naquit à Maubeuge et y fut baptisé le 19 mars 1679 (1). Ayant embrassé de bonne heure la carrière militaire, il était commandant de bataillon au régiment de Réding, en 1700. Le 6 juin 1701, il épousa Marie-Claire Locart, qui n'avait que 21 ans, et recueillit de la succession paternelle, en 1715, les seigneuries d'Aymeries (2), de la Porquerie, etc. Pourvu, le 9 mai 1716, d l'office de conseiller-secrétaire du Roi, maison et couronne de France et de ses finances, il devint grand bailli de Lille, charge qu'il exerçait encore dans les derniers temps de sa vie. Il mourut le 4 avril 1730, laissant de sa femme, qui lui survécut jusqu'en 1761, deux fils :

1° Pierre-Joseph Bady, dit de Pont, dont l'article va suivre ;

2° Eugène-Augustin Bady, seigneur du Tilloy, reward de Lille, né en 1709 et marié, en 1736, à Francoise-Albérique de Retz. Il en eut une fille, Françoise-Guillaine-Joseph Bady, née en 1747, qui épousa Maximilien-François-Joseph Luytens, vicomte de Boussu.

VIII. Pierre-Joseph Bady, dit de Pont, écuyer, grand-bailli de Lille, naquit en 1702. Il épousa, en 1res noces, le 19 décembre 1730 (3), Catherine-Françoise-Joseph Bady de Dourlers, sa cousine germaine, qui lui apporta une dot de 100,000 livres, et, en secondes noces, en 1738, Marie-Albertine-Amélie Jacobs. Héritier, lors du décès de son père, des seigneuries d'Aymeries, de la Porquerie, etc, il en fit le relief en 1731 et 1732. Ce fut dans son château d'Aymeries, qui venait d'être magnifiquement restauré et meublé, que les grands de la cour de France établirent leur

---

(1) *Ibidem*, année 1679.

(2) On lui donna dès 1712, vraisemblablement par erreur, le titre de *seigneur d'Aymeries* (*Reg. de l'état civil d'Avesnes*, année 1712).

(3) *Reg. des mariages de la paroisse de Dourlers*, année 1730.

quartier-général lorsqu'ils se rendirent au camp de plaisance placé dans le voisinage de 1753 à 1755 (1). Pierre-Joseph Bady mourut à Aymeries le 30 octobre 1761 (2) et fut inhumé le lendemain dans l'église de Quartes, en la chapelle de la Vierge, lieu ordinaire de la sépulture des seigneurs d'Aymeries et de leur famille. Il n'eut point d'enfants du premier lit, et il ne laissa de sa seconde femme qu'une fille, dont l'article suit.

IX. Marie-Albertine-Amélie Bady de Pont, dame d'Aymeries, de la Porquerie, de Bel-air (3), de Mécrimont (4), etc, née le 1er août 1739, épousa, le 6 mars 1758, François-Baltazar-Joseph-Guillain, dit le comte de Ste-Aldegonde de Genech, seigneur de Mailly, de Rosimbois, etc., dont elle eut Pierre-François-Baltazar, comte de Ste-Aldegonde, (mort à Lille il y a peu d'années), de qui sont issus M. Charles-Camille-Joseph-Baltazar, comte de Ste-Aldegonde, major-général au service de Russie, et Mme Virginie de Ste-Aldegonde, duchesse de Mortemart, tous deux vivants aujourd'hui.

SEIGNEURS DE DOURLERS ET DE RAINSART.

VII. Antoine-François-Bady dit de Pont, écuyer, né vers l'an 1685, épousa, selon contrat du 28 mars 1708, Marguerite de Rouillon de Castagne (5). Dès 1711, et peut être encore aupa-

---

(1) *Mémoire* du citoyen Lebon, de Floyon ; et divers *mémoires militaires*.

(2) *Reg. des décès de la paroisse d'Aymeries*, 1761.

(3) La ferme de Bel-air est située à Pont-sur-Sambre.

(4) La ferme de Mécrimont est sur le territoire d'Aulnoye, à 1 kil. S. du centre du village.

(5) François Rouillon dit Castagne, seigneur d'Arbre et bourgmestre de Namur, fut annobli par lettres-patentes du 30 octobre 1708. (*Nobil. des Pays-Bas*). La dame Bady en descendait.

ravant, il fut grand bailli et prévôt de la terre et pairie d'Avesnes, charge qu'il conserva jusqu'à sa mort (1). Outre la seigneurie de Dourlers qui lui échut en 1715 dans les biens de Pierre Bady, dont il était le second fils, il posséda aussi celles de Normont (2), d'Arbre (3), de Rouville (4), etc. De concert avec sa femme et dans les vues de répartir équitablement tous leur fortune entre leurs enfants, ils firent, le 25 février 1733, un *avis de père et de mère* (5), et un testament conjonctif. Antoine-François Bady mourut à Dourlers le 4 août 1735 et fut enterré le même jour (6) dans un caveau pratiqué exprès, sous le chœur de l'église paroissiale, pour la sépulture des seigneurs du lieu (7). Sa femme lui survécut jusqu'au 4 juin 1760 (8). Par un testament olographe du 19 mai 1753 (9), elle avait institué pour son héritier mobilier Bertrand-Joseph Bady, le second de ses fils alors vivant, et cette disposition jeta pour quelque temps la discorde dans cette famille; mais un accord arrêté le 12 mars

---

(1) *Titres de famille. — Tabellion d'Avesnes.*

(2) Normont, terre dans les Pays-Bas.

(3) Arbre est un village à 2 lieues 1/2 de Namur. Il formait une seigneurie qu'Antoine-François Bady posséda du chef de sa femme.

(4) La terre de Rouville était située à Prisches. Elle formait un fief relevant de la pairie d'Avesnes, et comprenait une ferme et ses dépendances.

(5) On distingue deux sortes d'avis de père et de mère: le conjonctif et le viduel. L'avis conjonctif était un partage fait conjointement par père et mère entre leurs enfants, tant des biens qui leur appartenaient que de ceux qui devaient écheoir en ligne directe à leurs enfants; l'avis viduel était un partage fait par le survivant des conjoints, entre ses enfants, des biens dont il avait la libre disposition. (Dumées, *La jurispr. du Hainaut françois*, tit. XI).

(6) *Reg. des décès de la paroisse de Dourlers*, 1735.

(7) On croit que le caveau existe encore; l'entrée en aura seulement été bouchée.

(8) *Consultation d'avocats* et papiers de f

(9) *Ibidem.*

1761 (1) rétablit presqu'aussitôt la bonne intelligence entre les co-intéressés. Le seigneur de Dourlers eut un grand nombre d'enfants, tous nés à Avesnes, savoir :

1° N. Bady, né en 1709 et mort l'année suivante (2) ;

2° Antoine-François-Joseph Bady, mentionné ci-dessous ;

3° Pierre-Joseph, né le 26 décembre 1716, décédé le 18 juin 1719 (3) ;

4° Pierre-Charles-Joseph, né le 15 février 1718 (4), mort jeune ;

5° Bertrand-Joseph, dont l'article se trouve ci-après ;

6° François-Joseph Bady, sieur de Rouville, né le 21 février 1721 (5), lieutenant au régiment de Rohan-infanterie, tué à la bataille de Dettingen, en juin 1743, sans alliance ;

7° Pierre Bady, né le 23 avril 1722 (6), mort jeune ;

8° Catherine-Françoise-Joseph Bady, née le 22 octobre 1710 (7), mariée à Dourlers le 19 décembre 1730 (8) à son cousin germain Pierre-Joseph Bady dit de Pont, seigneur d'Aymeries, etc., et morte quelques années après, sans génération ;

9° Marie-Thérèse-Charlotte Bady, plus connue sous le nom de *Mlle. de St.-Aubin*, née le 21 février 1712 (9), morte céliba-

(1) Acte déposé au *Tabellion d'Avesnes.*

(2) *Reg. de l'état civil d'Avesnes.*

(3) *Ibidem.*

(4) *Ibid.*

(5) *Ibid.*

(6) *Ibid.*

(7) *Ibid.*

(8) *Id. de Dourlers.*

(9) *Id. d'Avesnes.*

taire à Avesnes le 31 juillet 1735 et enterrée le lendemain à Dourlers (1);

10° Marie-Joseph Bady, dite *Mlle de Floursies,* née le 17 mars 1715 (2) morte à Avesnes le 30 novembre 1732 et aussi inhumée à Dourlers (3);

11° Marie-Marguerite-Hélène Bady, née le 9 février 1724 (4), mariée en 1744 (5) à Réné-Alexandre, 2e du nom, marquis de Culant, mestre-de-camp de dragons (6). Elle mourut à la Rochelle le 12 janvier 1747, laissant deux fils: Louis-Martin de Culant, mort six semaines après sa mère, et Charles-Alexandre, né en la même ville le 27 novembre 1746, capitaine de cavalerie décédé à la fleur de l'âge (7). Par suite de l'accord de 1761 dont il vient d'être parlé, ce dernier obtint du patrimoine maternel, outre 30,000 livres touchées par son père, la somme de 48,333 livres, dont 15,000 livres assignées sur la terre d'Arbre et le surplus sur celle de Dourlers (8).

---

(1) *Reg. de l'état civil d'Avesnes et de Dourlers.*

(2) *Id. d'Avesnes.*

(3) *Id. d'Avesnes et de Dourlers.*

(4) *Id. d'Avesnes.*

(5) De la Chesnaye des Bois, *Dict. généalog*, t. IV, p. 738. — Le contrat anténuptial fut passé à Paris le 14 octobre 1744. (*Papiers de famille*).

(6) La ville de Culant, en Berry, qui porte de temps immémorial le titre de baronnie, a donné son nom à la maison de Culant, dont une branche alla s'établir, au 13e siècle, dans le Boulonnais. C'est de cette branche que sont issus les Culant, barons de Ciré, dont le chef était, en 1744, Réné-Alexandre II, marquis de Culant, marié à Melle. Bady (La Chesnaye des Bois, *Dict. généalog.*, t. IV. p. 731 et suiv.) Ce seigneur, connu comme auteur d'un *Recueil de fables* et de plusieurs ouvrages de science et de littérature et entr'autres d'une comédie de l'*Impudent*, *Lahaye*, 1757, in-12, fut député par la noblesse aux Etats-généraux, n'émigra point, se tint caché en France sous la Terreur, et mourut en 1799.

(7) La Chesnaye des Bois, *Dict. généalog.*, t. IV, p. 738.

(8) *Consult. d'avocats* et papiers de famille.

VIII. Antoine-François Joseph Bady, écuyer, né à Avesnes le 16 mars 1713 (1), fut d'abord connu sous le nom de *chevalier de Rouville*. Il fit de bonnes études et obtint le grade de licencié-ès-lois (2), ce qui ne l'empêcha pas de prendre du service dans l'armée. Il était capitaine au régiment de Rohan quand, ayant hérité de la seigneurie de Dourlers, il rentra dans la vie civile. Il fut pourvu, par lettres du duc d'Orléans du 16 mai 1738, de la charge, longtemps occupée par son père, de grand bailli et prévôt de la terre et pairie d'Avesnes (3), et épousa le 22 décembre 1748 (4), en cette ville, où il avait sa résidence, Thérèse-Joseph de la Fitte de Caupenne (5), qui lui apporta une dot de 45,000 livres, et à laquelle il assura un douaire de 1500 livres (6). Cette dame, à peine âgée de 21 ans, mourut à Avesnes, d'une suite de couche, le 6 novembre de l'année suivante, et fut enterrée le lendemain à Dourlers (7). Resté veuf quelques années, Antoine Bady se remaria avec Mlle de Cerny (8). Etant malade, il alla avec son médecin, à Chaumont en Bassigny (Haute-Marne), chez Lamirault de Cerny, son beau-frère (9)

---

(1) *Reg. des naissances de la ville d'Avesnes*, 1713.

(2) *Papiers de famille.*

(3) *Titres de famille.*

(4) *Reg. de l'état civil d'Avesnes.*

(5) Cette dame était fille de messire François de la Fitte, écuyer seigneur d'Audisque, colonel d'infanterie, ingénieur en chef à Boulogne et à Amble, et de Marguerite-Thérèse de Daries. (*Contrat de mariage* du 16 décembre 1748, déposé au tabellion d'Avesnes).

(6) *Contrat de mariage* précité.

(7) *Reg. de l'état civil d'Avesnes*, 1749.

(8) Elle était de la famille de Lamirault, d'ancienne noblesse, établie dans l'Orléanais et le Soissonnais, et qui a formé plusieurs branches. (De la Chesnaye des Bois, *Dict. généalog.*, t. V, p. 388).

(9) Mme Bady avait pour frère M. Lamirault de Cerny, de Chaumont en Bassigny (Haute-Marne). Il avait une commanderie de Malte dite de Gorgebin. (*Renseign. de famille*).

et y termina sa vie en octobre 1780 (1). Il avait eu de sa première femme, une fille :

IX. Thérèse-Bertrandine Bady, née à Avesnes, le 29 octobre 1749 (2), morte à Dourlers, le 3 octobre 1753 (3).

VIII. Bertrand-Joseph Bady, dit de Normont, écuyer, seigneur d'Arbre, Normont, Marolle, Poligny, Chauffour, Bidant (4) ; puis de Rouville, après la mort de son frère François-Joseph, en 1743 ; et ensuite du *Sart de Dourlers,* lors du décès de son frère aîné, en 1780, naquit à Avesnes le 12 avril 1719 (5). Il embrassa la carrière des armes et devint capitaine dans le régiment de Richelieu, et, après, dans celui de Rohan-infanterie. Il fit les campagnes de Philisbourg, de Bohême et de Flandre, et, à la bataille de Dettingen en juin 1743, il reçut un coup de feu à la clavicule droite et en resta estropié toute sa vie (6). Ses bons services et ses blessures lui valurent la croix de St.-Louis, dont il fut décoré l'année suivante (7). Il épousa en février 1750 (8) Marie-Françoise-Joseph-Narcisse de Bande de Rainsart (9), dont il resta veuf le 21 juin 1758 (10). Il succéda à son frère, en 1780,

---

(1) *Renseign. de famille.*

(2) *Reg. des naissances d'Avesnes,* 1749.

(3) *Reg. des décès de Dourlers,* 1753.

(4) Marolle, Poligny, Chauffour et Bidant formaient la seigneurie de Marolle, en Champagne. C'était à Marolle qu'était la maison seigneuriale.

(5) *Reg. des naissances d'Avesnes,* 1719.

(6) *Renseign. de famille.*

(7) *Titres de famille.*

(8) *Ibid.* — Le contrat de mariage porte la date du 17 février 1750.

(9) Cette dame était fille de Ferdinand-Joseph, baron de Bande, seigneur de Rainsart, Bréaugies, Beaurieux, etc.

(10) *Reg. de l'état civil d'Avesnes,* 1758.

dans la charge de grand bailli de la terre et pairie d'Avesnes (1), et obtint, par lettres-patentes du Roi datées de Versailles au mois d'avril 1781 (2), l'érection en *comté*, sous la dénomination de *comté de Normont, des terres et seigneuries de Dourlers, St.-Aubin, Floursies, Semousies et hameaux en dépendants, avec les droits de haute, moyenne et basse justice* (3), le tout formant un fief ample relevant directement du roi, et dont le revenu annuel était alors évalué à 20,000 livres. Le comte de Normont mourut à Dourlers le 8 juin 1788 et fut inhumé dans le caveau de ses ancêtres (4). Il eut quatre enfants :

1° Charles Bady, ci après désigné ;

2° Bertrand Bady, dont l'article viendra après ;

3° Marie-Ferdinande Bady, dame de Beaurieux, née vers 1750 et morte célibataire au château de Quiévrechain en février 1806 ou 1807 (5) ;

4° Anne Bady, née à Avesnes le 25 décembre 1753, (6) morte jeune.

IX. Charles Bady, comte de Normont, seigneur de Dourlers, Saint-Aubin, Floursies, Semousies, Arbre, etc., naquit à Avesnes le 15 juillet 1756 (7), et fut lieutenant, puis capitaine dans le régiment de Royal-Dragons. Forcé d'émigrer dans les premières années de la révolution française, il abandonna, avec

---

(1) *Titres de famille.*

(2) Ces lettres-patentes ont été enregistrées au greffe de la cour du Parlement de Flandre le 17 novembre 1781, et au greffe du bureau des finances et domaines de la généralité de Lille (fol. 116 v° du 41e reg. aux provisions) le 14 mars 1782.

(3) *Lettres-patentes* précitées.

(4) *Reg. de l'état-civil de Dourlers*, 1788.

(5) *Renseign. de famille.*

(6) *Reg. de l'état civil d'Avesnes*, 1753.

(7) *Ibidem*, 1756.

tout ce qu'il renfermait, le château de Dourlers qui, malgré l'esprit malveillant de l'époque, fut pourtant quelque temps épargné. En effet, ce château n'avait encore éprouvé que peu de dommages quand, le 16 octobre 1793, les troupes françaises, commandées par le général Balland, s'en emparèrent, après trois attaques des plus vives, et s'y établirent. Mortier, dont dix ans plus tard Napoléon consacrait la gloire en le nommant maréchal de France, ayant été blessé d'un coup de mitraille durant l'action, fut transporté, pansé et soigné dans cette maison. C'est là qu'il reçut avis de sa promotion au grade d'adjudant-général. Pendant un mois, le château fut occupé par les soldats républicains, qui, secondés par quelques misérables de l'endroit, le saccagèrent complètement. On enleva ou on détruisit tout le mobilier ; les glaces, les vitres et les boiseries furent brisées ; on arracha jusqu'aux lambris, qu'on brûla dans les appartements mêmes avec tout ce qui ne valait pas la peine d'être emporté. — Bien qu'un demi-siècle se soit écoulé depuis ces désastres, le bâtiment n'a pas moins conservé l'aspect de la dévastation, dont il semble que l'on ait voulu à dessein perpétuer le souvenir : les murs portent encore extérieurement les empreintes des boulets et des autres projectiles dont ils furent alors frappés ; les fenêtres, maintenant à peu près telles qu'elles étaient immédiatement après l'événement, offrent par-ci par-là quelques débris de leurs anciens vitrages, quand elles n'en sont pas tout-à-fait privées ; et il n'est pas jusqu'à des fragments d'inscriptions et d'emblêmes, tantôt burlesques, tantôt obscènes, grossièrement crayonnés sur le plâtre des murailles par les soldats de la république, que l'on ne retrouve encore parmi d'autres inscriptions, souvent mieux inspirées, dues à quelques désœuvrés de notre époque. — Pendant son émigration, qui ne fut pas de longue durée, car, parti des derniers de France, il y revint l'un des premiers, le comte de Normont eut presque toujours sa résidence à Hambourg. (1) Ses biens, confisqués par l'Etat, avaient été en parti vendus comme domaines nationaux (2), cependant, à son retour, il par-

(1) *Renseign. de famille.*

(2) Il résulte d'un *sommier* dit *des émigrés*, déposé dans les

vint à s'en remettre en possession, tant par les cessions que les acquéreurs consentirent, que par la restitution que le gouvernement lui fit des propriétés non aliénées. En résumé, sa fortune en fut que faiblement compromise par les lois de la révolution (1) Il mourut à Bruxelles sur la fin de juillet 1833 (2), sans laisser de postérité de la dame Levert, sa femme, qui habite actuellement Choisy-le-Roi.

IX. Bertrand Bady, dit le *chevalier de Normont*, seigneur de Rainsart, de Beaulieu (3), de Marolles, devenu comte de Normont par la mort de son frère, dont il hérita les terres de Dourlers, d'Arbre, etc., naquit à Avesnes, le 14 juin 1758 (4). Cadet de famille, il embrassa la carrière des armes selon l'usage alors généralement suivi dans les maisons nobles. Il n'avait que 16 ans quand il entra au service, et, à 21 ans, il était capitaine au régiment des cuirassiers du Roi, alors en garnison à Moulins, où il resta jusqu'à la révolution (5). Ce fut le 23 juin 1791, le lendemain de l'arrestation de Louis XVI à Varennes, que M. de Normont émigra (6). Après un assez long séjour sur la terre

---

archives de l'administration des domaines, que l'on a vendu. en l'an II et en l'an III de la république, des biens confisqués 1° sur Bady (Charles), ex-seigneur de Dourlers, pour 878, 675 liv., savoir :

1° Immeubles	836,134 liv.
2° Meubles....	42,541 »
Total......	878,675 liv.

2° Sur Bady (Bertrand), ex-seigneur de Rainsart, pour 334,705 liv., savoir :

1° Immeubles.	318,096 liv.
2° Meubles....	16,609 »
Total....	334,705 liv.

(1) *Echo de la Frontière*, du 23 sept. 1845.

(2) *Titres de famille.*

(3) Beaulieu en Champagne.

(4) *Reg. de l'état civil d'Avesnes.* 1758.

(5) *Renseign. de famille.*

(6) *Ibidem.*

étrangère, il rentra en France, où il se montra toujours bon citoyen (1). Il reçut, en récompense de ses anciens services, la croix de Saint-Louis. Depuis la restauration, il habita alternativement le château de Quiévrechain et la ville de Valenciennes, où il avait sa principale résidence. Généralement aimé, le comte de Normont, malgré son grand âge, avait conservé le goût des plaisirs et du monde, où il se faisait remarquer par cette exquise politesse qui était l'apanage de l'ancienne cour. Il faisait un noble usage de ses revenus; généreux, humain et charitable, il soulagea surtout les malheureux. Il mourut en son château de Quiévrechain le 20 septembre 1845, à la suite d'une attaque d'apoplexie qui l'avait privé de la vue et de la parole (2). En lui s'éteignit la branche des Bady de Normont, dont il avait réuni toute la fortune.

MICHAUX AINÉ.

Avesnes, le 30 septembre 1845.

(1) *Echo de la frontière* du 23 sept. 1845.

(2) *Ibidem.*

www.ingramcontent.com/pod-product-compliance
Ingram Content Group UK Ltd.
Pitfield, Milton Keynes, MK11 3LW, UK
UKHW032026260826
14628UKWH00006B/2769

9 782011 757395